BEI GRIN MACHT SICH IHR WISSEN BEZAHLT

- Wir veröffentlichen Ihre Hausarbeit, Bachelor- und Masterarbeit

- Ihr eigenes eBook und Buch - weltweit in allen wichtigen Shops

- Verdienen Sie an jedem Verkauf

Jetzt bei www.GRIN.com hochladen und kostenlos publizieren

Bibliografische Information der Deutschen Nationalbibliothek:

Die Deutsche Bibliothek verzeichnet diese Publikation in der Deutschen National-
bibliografie; detaillierte bibliografische Daten sind im Internet über http://dnb.d-
nb.de/ abrufbar.

Impressum:

Copyright © 2013 GRIN Verlag, Open Publishing GmbH
Druck und Bindung: Books on Demand GmbH, Norderstedt Germany
ISBN: 978-3-668-03868-4

Dieses Buch bei GRIN:

http://www.grin.com/de/e-book/303265/arbeit-mit-transkripten-aufbau-vorgehens-
weise-und-problemloesungen-anhand

Luise Seemann

Arbeit mit Transkripten. Aufbau, Vorgehensweise und Problemlösungen anhand eines Seminarbeispiels

GRIN Verlag

GRIN - Your knowledge has value

Der GRIN Verlag publiziert seit 1998 wissenschaftliche Arbeiten von Studenten, Hochschullehrern und anderen Akademikern als eBook und gedrucktes Buch. Die Verlagswebsite www.grin.com ist die ideale Plattform zur Veröffentlichung von Hausarbeiten, Abschlussarbeiten, wissenschaftlichen Aufsätzen, Dissertationen und Fachbüchern.

Besuchen Sie uns im Internet:

http://www.grin.com/

http://www.facebook.com/grincom

http://www.twitter.com/grin_com

EMAU Greifswald – Institut für Deutsche Philologie

Seminar: Argumentative Muster der Konfliktbearbeitung bei Kindern (SS 2013)

12.11.2013

Der Projektbereich „Transkription"

Im Seminar:

„Argumentative Muster der Konfliktbearbeitung bei Kindern"

Name: Luise Seemann

Studienfächer: Deutsch (7.S.), Kunst (4.S.), Geographie (5.S.)

Angestrebter Abschluss: Lehramt Gymnasium

Inhaltsverzeichnis :

1. Einleitung

Im Sommersemester 2013 fand am Institut für Deutsche Philologie in Greifswald, das Seminar „Argumentative Muster der Konfliktbearbeitung bei Kindern" statt. In diesem Seminar ging es darum zu untersuchen, wie Kinder in konfliktären Situationen, Begründungsstrukturen aufbauen und wie sie diese einsetzen. Die Seminarteilnehmer wurden dafür in drei Gruppen unterteilt. Die erste Gruppe sollte in Kindergärten Videoaufnahmen tätigen, die dann als Transkriptionsgrundlagen gelten sollten. Dafür mussten vorher sowohl rechtliche als auch technische Vorkehrungen getroffen werden. Die zweite Gruppe sollte diese Aufnahmen transkribieren, wofür auch ein großer technischer Aufwand erfolgen musste. Das Programm „F4" sollte hier ursprünglich als Arbeitsmittel gelten. Das Aufgabenfeld der dritten Gruppe bestand darin, die vorliegenden Transkripte zu analysieren. Auch hierfür waren bestimmte Arbeitsprogramme vorgesehen.

Diese Arbeit soll sich vor allem mit der Transkriptionsgruppe beschäftigen und die Arbeitsprozesse nachvollziehen und auswerten. Dafür wird als erstes dargestellt, wie ein Transkript aufgebaut ist, um den Sinngehalt eines Transkriptes zu erkennen. Im weiteren Verlauf wird dann die Vorgehensweise an einem speziellen Transkript untersucht, um zu zeigen, dass dies auf unterschiedliche Art und Weise erfolgen kann. Zum Ende sollen entstandene Probleme aufgeführt werden, um andere Möglichkeiten für zukünftige Seminare aufzudecken und zu zeigen, was an manchen Punkten sinnvoller wäre. Als Hauptquellen sind hier vor allem das Seminar selbst, die darin gewonnenen Erfahrungen, sowie die Internetseite „teachsam" zu nennen.

2. Aufbau des Transkriptes

Die Kriterien für das anzufertigende Transkript sollten dem „Gesprächsanalytischen Transkriptionssystem" (GAT) folgen. Demnach sollte das Transkript aus einem „Transkriptionskopf" und einem „Gesprächstranskript" bestehen.

Im Tanskriptkopf werden Daten erfasst, wie die Herkunft der zu transkribierenden Aufnahme, sowie Ort und Uhrzeit der Aufnahme. Es werden sowohl Name der Aufnahme, die Dauer und der Name der transkribierenden Person aufgeführt.

In einem nächsten Schritt werden sämtliche Beteiligten in der Aufnahme benannt, bzw. umschrieben und mit Abkürzungen versehen. Dies bedeutet eine Aufführung des Namens, des Alters, Berufs oder auch spezieller Charakteristika. Dies ermöglicht einem Leser des Transkriptes, eine genaue Vorstellung der Personen und der Situation zu bekommen. Es ermöglicht außerdem, dass nicht immer wieder der volle Name angegeben werden muss und jeder Leser auch beispielsweise bei einem einfachen „J" wüsste, dass es sich um einen Jungen namens „Jonas" handelt. Trotz dieser Kennzeichnungen, muss darauf geachtet werden, dass eine Anonymisierung der Personen stattfindet.

Weiterhin erfolgt dann eine kurze Situationsbeschreibung, in der der Umgebungsort benannt und die aufgenommene Interaktion umrissen wird. Dazu gehört unter anderem eine kurze inhaltliche Beschreibung des Gespräches in der Aufnahme. Zuletzt muss noch hinzugefügt werden, ob die Transkription vollständig ist oder ob sie noch weiter bearbeitet werden soll. Beispielsweise könnte ein Transkriptkopf demnach so aussehen:

Aufnahmedatum:	23.Mai 2013
Aufnahme:	„003"
Transkribierende Person:	(Name der Person)
Dauer der Aufnahme:	16:57 min
Aufnahmeort:	Kindergarten: (Name des Kindergartens), Greifswald, Gruppe 2: „(Name der Gruppe)"
SprecherInnen:	Ma= w. Marion, Erzieherin
	Jo= m. Johann 07.2009 = 3,10 J. (grüner Pulli)
	Lu= m. Lukas 07.2009 = 3, 10 J. (Blond, blauer Pulli)
	Al= m. Albert 08.2008 = 4,9 J. (grün-weiß-gestreifter Pulli)

4

Aufnahme liegt vor als:	Video-Datei
Kurzbeschreibung:	Lukas und Johann spielen auf dem Teppich Piratenschiff und wechseln später an den Tisch. Später spielen Albert und Johann auf dem Baustein-Teppich. Johann baut unter Anweisung von Albert einen Tierpark.

Im Gesprächstranskript werden anschließend sprachliche Äußerungen und ihre Merkmale festgehalten. In diesem wird vor allem die im Gespräch erkannte Notation nach gewissen Konventionen verschriftlicht. In der Verlaufsstruktur werden sprachliche Überlappungen oder gleichzeitiges Sprechen beachtet und durch eckige Klammern gekennzeichnet, wie im folgenden Beispiel:

L: DAS ist aber mEin [Auto::]

J: [NEIN]

Das Wort „Auto" und das Wort „Nein" würden hier durch die Klammern, simultanes Sprechen anzeigen.

Auch werden Pausen angegeben und in kurze (-), mittlere (--) oder lange (---) Pausen unterteilt. Ist die Pause länger als eine Sekunde wird eine gemessene Pause, Bsp.: (3.12) angegeben. In einem Transkript erfolgt alles in Kleinschreibung. Große Buchstaben dienen der Akzentuierung.

J: HOCHverrat

L: !NEIN!

In diesem Beispiel bestünde bei dem Wort „Hochverrat" ein Hauptakzent auf „HOCH". Das Wörtchen „Nein" wird durch die großen Buchstaben und die beiden Ausrufezeichen extra stark betont.

Am Ende einer Einheit können auch Tonhöhenbewegungen angezeigt werden. So zeigt ein „?" ein Hochsteigen, ein „,"ein mittleres Steigen, ein „-" ein Gleich-bleiben der Tonhöhe, ein „;" ein mittleres Fallen und ein „." (Punkt) ein tiefes Fallen. Auch para- und außersprachliche Handlungen werden erfasst, beispielsweise beim Schmunzeln: ((schmunzelt)). Wird ein Wortlaut an manchen Stellen nur vermutet, kann dies durch eine einfach Klammer angezeigt werden:

(bist). Wird ein Laut beim Sprechen etwas länger gezogen, kann das je nach Länge durch Doppelpunkte angezeigt werden. Kann an manchen Stellen einer Aufnahme nicht verstanden oder erschlossen werden, was gesagt wird oder gibt es eine kurze Störung im Filmmaterial, so kann dies durch ein „(...)" gekennzeichnet werden.

Die Leserichtung im Gesprächstranskript erfolgt von Links nach Rechts und von Oben nach Unten. Jede Transkriptzeile muss nummeriert werden, beginnend bei „01". Ein Beispiel für ein kurzes Gesprächstranskript:

(Auf dem Baustein-Teppich)

01	Ma:	die beiden haben zum beispiel ein ein äh:m TIERpark gebaut und
		ähh, weiß nicht, ob die noch vorstellung machen mit den tieren.
		johann? und albert? seid IHr noch im Tierpark? mit euern
		TIEREN? oder ist das jetzt vorBEI?
05	Jo:	Ja:::
	Ang:	JA? hat der Tierpark geschlOSSEN?
	Jo:	Ja:

3. Vorgehensweise beim Transkribieren

Nach dem Erhalt der Videodateien, war der erste Schritt die Arbeitsaufteilung. Da es mehrere Videodateien gab bzw. große Dateien, wurden diese gerecht nach zeitlicher Dauer aufgeteilt. Bevor weitere Schritte getätigt werden konnten, mussten die Aufnahmen gründlich angesehen werden. Als Nächstes galt es, sämtliche Personen in diesen Aufnahmen zu identifizieren. Dazu hatten wir Listen, die von der ersten Projektgruppe erstellt wurden. Diese Listen zeigten die verschiedenen Kindergartengruppen mit den jeweiligen Namen und dem dazugehörigen Alter und Geschlecht. Außerdem wurde ungefähr mitgeteilt, welche Aufnahme in welcher Kindergartengruppe getätigt wurde. Für die Personenbenennung im Transkriptkopf musste nun aber fürs Erste genau festgestellt werden, wer wer ist. Dies konnte beispielsweise dadurch ermittelt werden, dass in der Aufnahme eine Person direkt angesprochen wurde oder auch durch Ausschlussverfahren. Die ermittelten Personen wurden dann mit kurzen Merkmalen beschrieben und mit Abkürzungen betitelt. Danach konnte der Transkriptkopf erstellt und mit dem Gesprächstranskript begonnen werden.

Es wurde uns ermöglicht, eine einwöchige Lizenz für das Transkriptionsprogramm „F4" zu erhalten. Dies ermöglichte das Runterladen dieses Programmes und eine einwöchige Nutzung desselben. Dieses Programm beinhaltete den Vorteil, parallel sowohl Video als auch ein Schriftfeld zur Transkription zu betätigen. Nach dem Anhalten eines Videos, sprang die Aufnahme automatisch einige Sekunden zurück, wodurch keine Sekunde durch manuelles Umstellen verpasst wurde. Außerdem war dieses Programm in der Lage, sich die Kennzeichnungen der Sprecher zu merken und automatisch die Abkürzungen in einer neuen Transkriptionszeile einzufügen. Leider ist dieses Programm an einen gewissen technischen Standard gebunden, den nicht alle Personen aufweisen konnten. So musste eine Alternative gefunden werden. An diese Stelle trat ein höherer manueller und technischer Aufwand. Dies stellte sich so dar, dass zwei Rechner nebeneinander platziert wurden. Auf dem einen Rechner wurde über einen normalen Media-Player die Aufnahme gestartet und auf dem anderen Rechner ein einfaches Word-Dokument geöffnet. Damit es zu keinem Verrutschen der Zeilen kommt, die durch die Durchnummerierung oder die abkürzende Kennzeichnung entstehen konnte, wurde dies durch eine einfache Tabellenfunktion behoben. Das „F4" Programm hatte die Option, dass das fertige Transkript anschließend als ein Word-Dokument abgespeichert werden konnte. Dies führte jedoch bei einigen Transkripten zu eben jenen Verrutschungen, die bei der anderen Arbeitsweise gleich vermieden werden konnten.

Auf beiden Wegen des Transkribierens wurde jeweils immer ein Stück der Aufnahme abgespielt und dann schriftlich festgehalten, was wahrgenommen und eventuell einige Male wiederholt wurde. Dies stellte eine sehr komplizierte Aufgabe dar und konnte teilweise dazu führen, dass man für drei Minuten der Aufnahme drei Stunden transkribierte.

Nachdem jeder Gruppenteilnehmer seinen Part der Aufnahmen transkribiert hatte, wurden die fertigen Transkripte in Form von Word-Dateien in eine Drop-Box geladen, damit die dritte Gruppe mit ihrem analytischen Teil beginnen konnte.

4. Entstandene Probleme

Im Verlaufe der gesamten Projektarbeit, sind einige kleine Probleme entstanden. Allen drei Projektgruppen wurden drei Wochen Bearbeitungszeitraum gewährt. Da die erste Gruppe mit dem Filmen beginnen sollte, musste sie einige rechtliche Schritte gehen, um auch die Erlaubnis zu erhalten, die Kinder filmen zu dürfen. Diese dauerten jedoch etwas länger als geplant, wodurch sie die Zeit, in denen Aufnahmen getätigt werden konnten, deutlich verringerte. Diese zeitlichen Probleme zogen sich leider bis in die zweite Gruppe hinein. Durch eine relativ große Seminargruppe, mussten auch recht viele Aufnahmen vorliegen. Diese konnten nicht zeitgemäß geliefert werden und somit verzog sich der zeitliche Rahmen um eine Woche. Des Weiteren ergaben sich an den Schnittstellen der Gruppen „Übergabe-Probleme". Teilweise konnten die Video-Dateien nicht gefunden, auf den Rechner gezogen oder überhaupt verwendet werden. Diese Aufnahmen durften aus rechtlichen Gründen nicht in die Drop-Box gestellt werden. Somit musste die Übergabe manuell erfolgen. Da sich viele dieser Studenten nicht kannten, bestanden teilweise keine Kontakte und die Übergabe musste über Dritte erfolgen, bzw. über die Seminarleiterin. Die Schnittstelle der zweiten und dritten Projektgruppe stellte sich nicht ganz so kompliziert dar. Hier konnten die Dokumente in die Drop-Box geladen werden. Die Drop-Box ist eine Internetplattform, in der Gruppen gebildet werden können, die untereinander Dateien hochladen, runterladen, bearbeiten oder auch löschen können. Leider war nicht jedem Studenten diese Plattform bekannt und es entstanden Probleme beim installieren der Drop-Box oder beim Hochladen oder Bearbeiten der Dateien.

Da die erste Gruppe nicht in Kameratechnik oder Kameraführung unterwiesen wurde, konnte es dazu kommen, dass manche Aufnahmen etwas mangelhaft waren. Oft waren die Kinder nicht richtig zu verstehen oder die Kamera wurde zu einer Situation hingeführt, in der keinerlei verbale Äußerung stattfand. Für das Transkribieren speziell ergaben sich die Probleme, dass die Personen zuerst genau zugeordnet werden mussten. Da nicht jede Person in einer Aufnahme namentlich angesprochen wird, musste die Person teilweise umschrieben werden. Es kam auch vor, dass einige Kinder aus rechtlichen Gründen nicht transkribiert werden durften. Diese Kinder mussten dann „ausgespart" werden, was unter Umständen den Sinngehalt leicht verfälschte bzw. die Wahrnehmung verzerrte. Als schwierig stellte sich auch der Umgang mit Gruppenszenen dar. In einer Menge von sechs bis zehn Kindern, die wild durcheinander sprachen, war es oft sehr schwer herauszufinden, wer was gesagt hatte, bzw. war es teilweise gar nicht möglich. Zum Teil ergaben sich auch, wie bereits erwähnt, Probleme mit dem Transkriptionsprogramm „F4". Dieses Programm konnte in einigen Fällen nicht heruntergeladen oder verwendet werden. In manchen Fällen öffnete sich zwar das Programm, gab aber keine Videoaufnahmen wider oder speicherte das Word-Dokument falsch ab. Da die Transkriptionsgruppe teilweise gar keine Erfahrung mit dem Transkribieren hatte, ergaben sich unter anderem sehr subjektive Transkripte. Aus zeitlichen oder auch räumlichen Gründen fertigten viele Studenten ein eigenes Transkript an, weil sie z. B. von außerhalb kamen. Diese waren dann relativ unterschiedlich und sehr subjektiv. Was für den einen eine deutliche Betonung war und mit Ausrufezeichen und großen Buchstaben versehen wurde, wurde von einem anderen lediglich mit einer leichten Tonerhöhung gekennzeichnet. Dies wiederum wurde zu einem Problem für die dritte Gruppe, die diese Transkripte analysieren musste.

5. Lösungsvorschläge

Viele der aufgeführten Probleme entstanden größtenteils aus dem zeitlichen Mangel heraus. Für die Projektarbeiten hätte es jeweils speziellere Vorbereitungen geben mussen. Es wäre eine Möglichkeit, zukünftig dieses Seminar entweder über zwei Semester auszuweiten, oder eine Vier-Semesterwochenstunden-Veranstaltung daraus zu machen. Da sich außerdem viele Probleme vor allem an den Schnittstellen der Gruppen ergaben, wäre es vielleicht sinnvoll, zwar weiterhin Gruppen zu haben, aber so, dass eine Gruppe Alles machen muss. Jede Gruppe müsste sich dann um Aufnahme, Transkription und Analyse der Dateien kümmern. Durch so eine Aufteilung der Gruppen, könnten sich auch die zeitlichen Probleme minimieren und eine Ausweitung auf zwei Semester wäre eventuell gar nicht nötig. Die Gefahr bei einer Ausweitung auf zwei Semester besteht darin, dass viele Studenten nicht zwei Semester im Voraus planen können oder wollen. Die Teilnehmerzahl könnte sich unter Umständen stark verringern, weil eventuell die Bereitschaft nicht vorhanden ist, sich zwei Semester lang damit auseinander zu setzen oder es auf Grund der bereits vorhandenen Stunden nicht nötig ist. Es könnte auch passieren, dass viele Studenten im ersten Semester noch aktiv an dem Seminar teilnehmen und im zweiten Semester parallel eine anderweitige wichtige Pflichtveranstaltung haben, der Vorrang gewährt werden muss. Ein Teil der Studenten würde wegbrechen, was dem Projekt eher schaden als nützen würde. Was das Transkribieren speziell angeht, wäre eventuell ein wenig mehr Einweisung ins Transkribieren erforderlich. Probleme, wie die teilweise Nutzlosigkeit der speziellen Programme, müssen bzw. können vermutlich gar nicht behoben werden, da Niemand beeinflussen kann, was ein Student persönlich an technischen Mitteln aufzuweisen hat. Für diese Probleme ließen sich jedoch immer gute Alternativen finden, die eventuell mit ein wenig mehr manuellem Aufwand verbunden wären, aber am Ende keine schlechtere Qualität oder Mängel am Endprodukt aufwiesen. Ein weiterer Lösungsvorschlag wäre jedoch, dass an der Kommunikation unter den Studenten besser gearbeitet werden müsste. Vielleicht durch Hilfe von Kontaktlisten, die jeder Student erhält oder Ähnliches. Dieses Problem würde jedoch auch an Priorität verlieren, wenn die Gruppenaufteilung eine andere wäre, denn je weniger Personen an einer Sache beteiligt sind, um so besser funktioniert die Kommunikation untereinander. Man müsste sich auf diesem Wege besonders auf die Seminarteilnehmer verlassen können und hoffen, dass jeder seinem Aufgabenfeld gewissenhaft nachgeht, da so immer die Grundlage für den Nächsten geschaffen wird.

6. Reflexion

Trotz einiger, kleiner Unstimmigkeiten und Probleme, war diese Lehrveranstaltung im Großen und Ganzen sehr lehrreich und interessant. Dieses Seminar geriet keinesfalls in die Not, zu „trocken" zu sein, sondern bereitete durch den großen Praxisanteil und das Thema große Freude. Es war sehr aufschlussreich zu versuchen, Argumentationsmuster von Kindern nachzuvollziehen. Das Thema, wie Kinder argumentieren, ist eigentlich allgegenwärtig, doch nimmt man es im Alltag größtenteils gar nicht wahr. Bekommt man diese Sachverhalte jedoch einmal aufgezeigt, bzw. untersucht sie selbst, ist man für solche Situationen viel empfänglicher. Es hatte auch einen großen Unterhaltungswert zu beobachten, wie Kinder zueinander in Interaktion treten, und welche Begründungsstrukturen sie verwenden. Ebenso konnten Erfahrungen mit dem gesprächsanalytischen Transkriptionssystem und dem Transkribieren selbst erworben werden. Es wurde der Blick dafür geschult, was Kindern wichtig ist. Seien es moralische Werte oder Dinge beim Spielen. Durch das genaue Nachvollziehen und intensive Beschäftigen mit einer Situation, begann man eine andere, genauere Wahrnehmung dafür zu schulen, wie Kinder eigentlich wahrnehmen. Besonders interessant war auch die Notation in diesen kindlichen Gesprächen, die sich deutlich von denen der Erwachsenen unterschieden. Die Notationen verliefen oft gegen die Erwartungen, waren abwechslungsreich und vielfältig.

7. Schlussfolgerung

Das Seminar „Argumentative Muster der Konfliktbearbeitung bei Kindern" beschäftigte sich damit, Begründungsstrukturen in konfliktären Situationen zwischen Kindern zu untersuchen. Dafür wurden drei Projektgruppen eingeteilt. Für mediale Aufnahmen, Transkription und Analyse. Besonders aus zeitlichen und kommunikativen Gründen heraus ergaben sich einige Probleme, die besonders an den Schnittstellen der Gruppen auftraten. Eine sinnvolle Lösung für dieses Problem könnte eine Ausweitung auf vier Semesterwochenstunde, sowie eine andere Gruppenaufteilung sein, in der jede Gruppe alle Phasen durchlaufen müsste. Ansonsten stellte sich dieses Seminar als sehr lehrreich heraus und bereitete den Studenten viel Freude. Durch einen hohen Praxisanteil und intensive Beschäftigung mit dem Thema, konnte die Wahrnehmung für kindliche, konfliktäre Situationen geschult, sowie die Wahrnehmung der Kinder und ihrer Werte nachvollzogen werden. Die Studenten lernten die Unterschiede der kindlichen Notation zu denen der Erwachsenen und erhielten einen Einblick in das Arbeiten mit Transkripten sowie das Anfertigen derselben. So ein Seminar sollte mit kleinen Verbesserungen auch zukünftig angeboten werden.

8. Quellenverzeichnis

- http://www.teachsam.de/deutsch/d_lingu/gespraechsanalyse/gespraech_9_4_2_2.htm (31.Oktober 2013)
- http://www.teachsam.de/deutsch/d_lingu/gespraechsanalyse/gespraech_9_4_2_1.htm (31.Oktober 2013)
- http://www.teachsam.de/deutsch/d_lingu/gespraechsanalyse/gespraech_9_4_2_0.htm (31.Oktober 2013)